不拖延，也不分心

儿童自主学习实践手册

[法]玛丽·科斯塔（Marie Costa）著

王苡 译

自主学习能力是6~12岁孩子核心素养发展的重要内容。本书用47个充满创意的亲子活动，帮助孩子深入学习自主学习技能，通过"知己知彼""各就各位""自我管理""专心致志""在玩中学"和"相信自己"六个板块的学习，孩子可以收获更强的学习动力，掌握让自己的学习更有计划、更加专注的方法，并让学习过程变得更加有趣。本书适合孩子和家长一起阅读，书中的活动设计充满趣味、互动性强，便于父母和孩子一起在家庭中开展，能够帮助孩子在轻松愉快的活动中发展自主学习技能，实现全面成长。

Marie Costa, 50 activités bienveillantes pour devenir autonome
ISBN: 9782036017672

Copyright © Larousse 2022 Simplified Chinese edition arranged through New Pioneer Agency. This title is published in China by China Machine Press with license from Larousse. This edition is authorized for sale in the Chinese mainland (excluding Hong Kong SAR, Macao SAR and Taiwan).

此版本仅限在中国大陆地区（不包括香港、澳门特别行政区及台湾地区）销售。未经出版者书面许可，不得以任何方式抄袭、复制或节录本书中的任何部分。

北京市版权局著作权合同登记　图字：01-2024-5785号。

图书在版编目（CIP）数据

不拖延，也不分心：儿童自主学习实践手册 /（法）玛丽·科斯塔（Marie Costa）著；王苡译. -- 北京：机械工业出版社，2025.6. -- ISBN 978-7-111-78426-5
Ⅰ. G791；G782
中国国家版本馆CIP数据核字第2025DR5228号

机械工业出版社（北京市百万庄大街22号　邮政编码100037）
策划编辑：陈　伟　　　　　责任编辑：陈　伟
责任校对：梁　园　李　婷　责任印制：单爱军
北京瑞禾彩色印刷有限公司印刷
2025年7月第1版第1次印刷
165mm×225mm・9.5印张・106千字
标准书号：ISBN 978-7-111-78426-5
定价：59.80元（含附加册）

电话服务　　　　　　　　　网络服务
客服电话：010-88361066　　机　工　官　网：www.cmpbook.com
　　　　　010-88379833　　机　工　官　博：weibo.com/cmp1952
　　　　　010-68326294　　金　书　网：www.golden-book.com
封底无防伪标均为盗版　　　机工教育服务网：www.cmpedu.com

前 言

"该写作业了！""明天有作业要交吗？""赶快去学习！"……这种唠叨几乎在每个家庭里每天都会响起，谁还不是听着这些长大的？

孩子做作业困难重重，通常有以下五个方面的原因：

1．**疲劳**：每天在学校里、坐在课桌后面度过 8 小时，再加上其他课外活动，孩子已经筋疲力尽，回家继续学习谈何容易。

2．**时间不够**：学习会占用孩子在家的时间，而除去吃饭、洗漱和休息，孩子从回家到入睡的时间是相当有限的。

3．**学习障碍**：如果孩子在阅读、书面或口头表达、算术、专注等方面遇到困难，会给孩子及其家庭带来压力。在法国，大约 20% 的儿童有学习上的困难，7%~8% 的儿童患有学习障碍（如阅读障碍、语言障碍、书写障碍、多动症、自闭症等）。

4．**社会压力**：从企业、学校到家庭，社会各个层面都在施加压力，人们普遍认为成功的前提就是取得学业上的成功和获得学历文凭。

5．**把学习当成一项"工作"**：法语中的"工作（travail）"一词来源于拉丁文的"tripalium"，这是古罗马人用来惩罚奴隶的一种带有三根木桩的刑具……好吧，我看现在谁还想工作（学习）？

在法国，从 1956 年 12 月 29 日的行政通告法令发布之日算起，给小学生布置书面家庭作业这种行为已经被禁止了数十年之久[一]。家庭作业可以是口头的（例如阅读或研究），也可以是复习功课。不过，你仍然可以见到学校留的书面练习。家长往往会出于好意而监督孩子的作业情况，但行政通告同样规定：家庭作业必须由孩子独立完成。

如何陪伴并让孩子独立完成作业

以下是确保家庭作业顺利进行的四条黄金法则：

1. **表现得对学校和孩子学习的内容有兴趣**：称赞孩子的毅力、组织能力和专注力等。

2. **创造最佳学习环境**：培养孩子的学习习惯，教给孩子一些在开始学习前放松和专注的小技巧。

3. **相信孩子**：在学习过程中，孩子可能需要支持，但不一定需要帮助。家庭作业可不需要亲子合作。允许孩子按自己的方式做，而不强加干涉。

4. **使用本书**：通过本书，孩子将学会自我管理、集中注意力，并以一种不同寻常的、在玩中学的方式完成作业。最终，他会逐步建立自信，学会在没有家长陪伴的情况下独立完成作业。

玛丽·科斯塔

[一] 这并不是一部法律，而是一项行政通告，即由法国教育部发布的官方指导意见。虽然它具有强制性，但严格来说，这并不构成法律层面的约束力，因此违反该法令并不会导致法律责任或惩罚。——译者注

目 录

前　言

❶ 了解作业问题

活动 1　作业情况小问卷 2
活动 2　作业嘛，也没什么大不了的 6
活动 3　我的作业：什么时候做，怎么做 8
活动 4　我的能量水平 10
活动 5　我的大脑爱喝水 12
活动 6　在学校 14
活动 7　用色彩表达感受 16

❷ 做好作业准备

活动 8　好心情魔法药水 20
活动 9　障碍赛跑 22
活动 10　禅意，让我们保持禅意 24
活动 11　我的个人优势海报 26
活动 12　我的成功阶梯 29
活动 13　用呼吸减轻压力 32

３ 作业时间管理

活动 14　超级计时器 …………………………………… 36

活动 15　我的每日课后作息安排 …………………… 40

活动 16　一张桌子，一支笔 …………………………… 42

活动 17　我的飞行计划 ………………………………… 44

活动 18　我喜欢的，我不喜欢的 …………………… 47

活动 19　待完成，进行中，已完成！ ………………… 50

活动 20　番茄工作法 …………………………………… 53

４ 提高学习专注力

活动 21　在泡泡里沉浸式学习 ……………………… 56

活动 22　注意力隧道 …………………………………… 58

活动 23　隐藏的宝藏 …………………………………… 60

活动 24　效率飞行棋 …………………………………… 64

活动 25　真的懂啦！ …………………………………… 67

５ 提升作业乐趣

活动 26　家庭卡拉 OK ………………………………… 70

活动 27　山谷回声 ……………………………………… 72

活动 28　五颜六色 ……………………………………… 74

活动 29	老巫师的谜题	76
活动 30	搭建几何体	78
活动 31	我的知识点拼图	80
活动 32	安静，开拍！	82
活动 33	折纸游戏"东南西北"	84
活动 34	魔法巨龙	86
活动 35	图解单词法	89
活动 36	"吊死鬼"游戏	91
活动 37	手指玩偶	93
活动 38	请开始你的表演	95
活动 39	现在我是老师了！	97
活动 40	手账	99
活动 41	思维导图	101
活动 42	快乐阅读二重奏	104
活动 43	一边活动一边学习	106

❻ 增强学习信心

活动 44	魔法钥匙	110
活动 45	阿拉丁神灯	112
活动 46	真心话大冒险	114
活动 47	我的成就展示	116

了解作业问题

你说，这孩子怎么就不愿意做作业呢？

日复一日，孩子对做作业的紧张感不断飙升，所有的挫折都会引发负面情绪。怎样才能终结这个循环？

孩子为什么不愿意做作业？现在是回答这个问题的时候了：是因为孩子在一天结束时已经筋疲力尽了？还是因为孩子对作业缺乏兴趣？或者是因为孩子遇到了困难，比如阅读障碍或者学习障碍？

这一章里介绍的活动将帮助你分析孩子做作业时遇到的问题。

做一套小问卷掌握自己的作业情况，了解如何摆脱障碍，提高自身能量水平。通过这些方式，孩子会意识到他们可以克服障碍，继续前进。

活动 1
作业情况小问卷

做作业对于你来说可能是段难熬的时光。这个小问卷可以帮你找出问题所在。

用　时：10 分钟。
工　具：下文中的问卷，一支笔。
参与者：独立完成或由家长协助。

这项活动有什么用

这个测试可以评估你做作业时的参与度、积极性和自主性，还可以帮助你找出问题所在。

给成人的建议

请你根据孩子的回答，制定其他的学习策略。

轮到你了！

① 圈出最符合你做作业时感受的选项。

② 数一数你选择的 ▲ ♥ 💣 分别有多少个，在问卷末尾查看结果解读。

了解作业问题

（1）做作业的时间到了，你会怎么想？

▲ 我希望赶快好好写完。

♥ 我拖着不想开始。

💣 完了，又要开始煎熬了。

（2）当你需要开始做作业了：

💣 我得等大人来帮忙才能开始。

▲ 我需要有个大人在身边鼓励我或者帮我检查，但是我会尽可能独立完成作业。

♥ 在书桌前坐好后，我就可以开始做作业了，不需要任何帮助。

（3）你发现你把作业记错了，或者你发现你忘了把作业记在本子上：

♥ 让家长给班里的同学打电话询问。

💣 不知道该怎么办，干脆什么也不做了！

▲ 我会努力回忆，万一没记全，忘点什么也没关系。

（4）当你无法专心致志的写作业时：

💣 在椅子上动来动去，怎么都静不下来。

- ♥ 把运动当作休息，比如做几个拉伸或者活动一下身体，然后再继续学习。
- ▲ 找一个小东西，拧一拧，拉一拉，转一转，然后再专心做作业。

（5）看着时间流逝，你却被卡住了，做不下去了：

- ▲ 一直走神，要比预期花更长的时间才能完成作业。
- 💣 没做完就放弃，实在没有坚持下去的勇气了。
- ♥ 拿出计时器，设定好时间，努力在这段时间里完成作业或练习。

（6）做作业的时候，遇到不会的题目：

- ▲ 做作业前先复习，书中的例题可能会有所帮助。
- ♥ 研读课本，在网上找视频，向家长求助。
- 💣 不会也要硬写，到课堂上再认真听讲解。

（7）你已经努力了，但你写的字自己都认不出来，这给你带来了麻烦：

- ♥ 重新抄一遍课文，因为只要能写得好，才可能学得好。
- 💣 我只能学会我看得懂的地方，就只有这么多了！
- ▲ 请家长帮忙辨认我写的字。

（8）你要背课文，可就是记不住：

- 💣 把课文读上一两遍，我觉得这就够了。
- ▲ 请家长帮忙提醒，用这个办法试着把课文背出来。
- ♥ 整理文章主旨，把这些内容画出来，然后找来一位家长，试着向他讲述你理解的和你记住的内容。

（9）你还要踢足球、弹钢琴、玩电子游戏，觉得没时间做作业了：

▲ 我都想要，实在不行就减少一项活动或者少做一点作业。

💣 先完成所有活动，如果还有时间再做作业。

♥ 周末的时候多完成一些作业，这样周中就能有时间参加各种活动了。

（10）你觉得你在学校会取得成功吗？

▲ 我有时会怀疑自己到底有没有独立完成作业或者取得成功的能力。

♥ 我对自己有信心，我知道我能成功。

💣 我总觉得自己一无是处，什么也做不好。

问卷结果解读：

如果你选择 ♥ 最多

为了取得成功，你全力以赴。你懂得如何自主学习以及在必要的时候向他人求助，你对自己有信心！这本书能帮你找到再创佳绩的新方法。

如果你选择 ▲ 最多

你时常会怀疑自己是否具有独立完成作业或者取得成功的能力，你需要被鼓励、被支持，但你依旧饱含热情。我相信当你从这本书中获得启发后，你是可以做到的。

如果你选择 💣 最多

你很容易灰心丧气，我猜你可能对做作业心怀恐惧，对吗？这本书正是来帮助你的！这里提供的策略、技巧和具体的工具，能让做作业这件事变得更轻松，也更高效。

活动 2
作业嘛，也没什么大不了的

如果你把一件事憋在心里，它就会一直在你心里，阻止你前进、提高并改变。

用　时：10 分钟。
工　具：一张纸，一支笔，一些彩笔。
参与者：独立完成。

这项活动有什么用

这项活动能帮助你从作业带来的恐惧和紧张中解脱出来。找到影响你做作业的各种障碍，进而从中解脱出来。

轮到你了！

1. 首先，请你回想一次不愉快的做作业的经历。你是否感到疲惫、沮丧或者烦躁？

2. 在你做作业时，是什么让你感到不安或者难受？请详细描述你的感受、心情和整个经过，你还可以把当时的情景在纸上画出来。

拓展用法

写完以后，你可以把这张纸揉成一团，然后扔进废纸篓：从此，这将不再是让你难受的回忆了！

小提示

以下是一些示例：

"我刚放学回家，我可不想马上做作业。"

"我把书落在学校了。"

"我想玩或者四处溜达，反正就是不想坐下来写作业。"

"上完一天学我已经够累的了。"

给成人的建议

让孩子自由地书写，不要评价或批评。你的责任是帮孩子摆脱对作业的负面印象，不让他们一想到作业就觉得恐惧。

活动 3
我的作业：什么时候做，怎么做

现在该问问自己这个问题了：我是怎样做作业的？在哪个房间？用什么方式？

用　时：5 分钟。
工　具：一支笔。
参与者：独立完成。

这项活动有什么用

这项活动可以让你总结出自己习惯的行为方式，思考做作业的最佳地点或最佳方法。现在我们知道了，正襟危坐并不一定是保持专注的最佳方式。

请看下面的图片，如果请你选一张最像你写作业时的图片，你会选哪张呢？你是自己一个人做作业，还是和别人一起？你是坐在书桌前，还是蜷缩在沙发上？你是在看书，还是在浏览电子产品？

做作业的不同姿势：

给成人的建议

有一些孩子需要在安静的环境里才能集中注意力，而另外一些孩子必须边活动边学习。请观察你的孩子在什么环境下、在什么地方能学得更好。

活动 4
我的能量水平

如果我们把能量耗尽，就无法在一个良好的状态下做作业。我们有必要花点时间来认识这个问题。

用　时：5 分钟。
工　具：下文中的能量监测表，绿色、黄色、橙色和红色的彩笔。
参与者：独立完成。

这项活动有什么用

我们必须花一些时间来与自己的身体和感受建立联系，这样才能明确自己所有的需求。例如，当一个孩子在教室里的课桌前坐了 8 个小时以后，回到家在开始做家庭作业之前，他肯定需要活动活动。

轮到你了！

❶ 闭上眼睛，把注意力放到身体上：你的肚子有在咕咕叫吗？你觉得饿或者渴吗？眼睛感到酸痛或者想要睡觉吗？有没有想要抖抖腿或者动一动身体？上了一天的学，你现在是否感到疲惫不堪？

❷ 现在，请参照下方的能量监测表，根据你的疲累程度，在空白的电池里画出你的能量状态。

能量监测表

拓展用法

你还可以用同样的方法评估你的压力水平。你可以问自己这些问题："明天的考试让我感到压力很大吗？""考试成绩会让我感到沮丧或者失望吗？"

活动 5
我的大脑爱喝水

你知道吗，大脑是我们所有感觉和体验的中心。大脑不仅控制着我们最常见的生理功能，比如睡眠、呼吸、进食和饮水，它还掌管着更复杂的功能，例如理解力、记忆力和想象力。

用　时：5 分钟。
工　具：一支笔。
参与者：独立完成。

这项活动有什么用

大脑由大约十亿个神经元组成，是身体运行的基础，但大脑也是需要被照顾的！这项活动可以让你理解好好吃饭、喝水、睡觉和运动对于保持大脑健康和高效运转的重要性。

轮到你了！

1. 为了让你的大脑能够正常运转，尤其在你做作业的时候做出正确反应，你可得好好照顾它！请看下面的图片，猜猜你的大脑都需要什么。
2. 在每张图片的下方写下你的答案。

了解作业问题

给成人的建议

你的孩子是否难以集中精力？不能顺利背下课文？无法保持好心情？也许，这是因为他的大脑缺水了！我们的身体 60% 是由水构成的，神经系统的 80% 也是由水构成的。有时哪怕仅仅是轻微的脱水也会影响到我们的认知功能。

活动 6
在学校

你要知道,你在学校学得怎么样,也取决于你在课堂上的学习态度。你在课堂上注意力越集中,就学得越快、越好!

用　时:5 分钟。
工　具:一支笔。
参与者:独立完成。

这项活动有什么用

学会了解自己是学习过程中不可或缺的部分。你在课堂上的效率对于理解新的概念、掌握的新知识是决定性的。你在学习过程中的参与程度越高,你取得好成绩的可能性就越大。

轮到你了!

读一读下面这些孩子的描述,请补充一段你的经历。

了解作业问题

剧中人：在_____的时候，我觉得我就是个剧中人。我会参与课堂，认真听讲，提出问题，努力理解，做练习题。

梦游者：在_____的时候，我觉得我就是个梦游的人。我的思绪在别处，我在想其他事，经常与老师讲的内容相去甚远，我面无表情，昏昏欲睡。

捣蛋鬼：在_____的时候，我觉得我就是个捣蛋鬼。我会一直说话，制造噪声，转来转去，动个不停，老师没让说话就开口，让周围的人也分心。

云游侠：在_____的时候，我觉得我就是个云游侠。我会忽然产生一个想法，接着又产生另一个想法；有时我很专注，马上我又分心了；我看着窗外，跟同桌说话……总之，我的思绪一直在游走。

旁观者：在_____的时候，我觉得我就是个旁观者。我能集中注意力，认真听讲，但是我不参与，不敢回答老师的问题，或者觉得没必要回答问题。

活动 7
用色彩表达感受

来给情绪涂上颜色怎么样？当你想到作业或者学习的时候，你会描绘出一幅怎样的画面？

用　时：15 分钟。
工　具：下文中的感受画板，颜料，画笔，水和一块布。
参与者：独立完成或由家长协助。

这项活动有什么用

有些孩子无法用语言表达他们的感受和情绪。绘画可以帮助他们将内心的感受形象化。当孩子把一种颜色和一种感受联系起来时，他们就可以创作出自己的艺术作品，以此来表达感受。

轮到你了！

1. 读一读下方对每种颜色的描述。

2. 闭上眼睛，回想一下，当你写作业的时候，哪种感受占据了主导？

❸ 在下文中画出你的感受，让想象自由驰骋吧。如果你感到非常愉快，可以尽情使用黄色……你还可以把不同的颜色混合起来使用。

你的作品里哪种颜色用得最多？

1. **黄色**：愉快 / 幸福
2. **橙色**：兴奋 / 期待
3. **红色**：紧张 / 生气
4. **紫色**：厌烦 / 恶心
5. **蓝色**：郁闷 / 伤心
6. **绿色**：恐惧 / 担忧
7. **玫瑰色**：意外 / 惊讶
8. **白色**：平静 / 从容

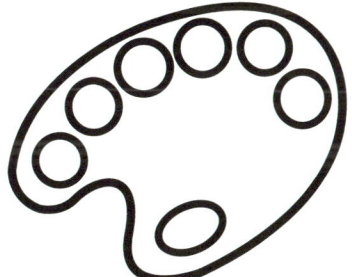

拓展用法

你还可以制作出不同的画板：
到了该做作业的时间了，此时的你是什么感受？
轻松、焦虑、紧张还是迫不及待？把它们画出来吧！

1

我的作品：我的感受画板

做好作业准备

你说，这孩子怎么一做作业就发脾气？

孩子在写作业时，是否感到有压力、沮丧、无法集中精力？他是否过度兴奋或者磨蹭？那你要不要帮助孩子进行积极的改变？

对于父母来说，是时候了解孩子真正的需求了：孩子有生理上的需求（包括吃饭、喝水、活动的需求），同时还有心理上的需求（被认可、被爱或者自我实现的需求）。每个孩子都有需求，但满足需求的方式却不尽相同。

这一章里介绍的活动是帮助孩子调制出好心情的"菜谱"，在面对障碍的时候前行，通过呼吸练习来放松……以及更重要的是让孩子发现身上那些帮助自己走向成功的个人优势。

活动 8
好心情魔法药水

你准备好配制魔法药水了吗？为了能够更好地开始做作业，你需要展示出你的想象力、创造力和好奇心……一杯好心情魔法药水能让学习的时光变得更加愉悦。

用　时：10分钟。
工　具：一支笔。
参与者：独立完成或由家长协助。

这项活动有什么用

作业可能已经成为孩子紧张或压力的来源。所以在开始学习之前，给这项工作注入一些乐趣和好心情，让孩子更有活力和动力，就显得尤为重要了。

轮到你了！

① 请你来配制自己的魔法药水，让它激发你学习和做作业的兴趣。

② 在下文中的实验器材里添加你所需的配料。

这里是一些可能会帮到你的想法：

"自嘲"少许，"条理性"一勺，"小玩笑"三罐，"善意的话语"一杯……

一瓶的

一试管的

两升的

一瓶的

一试管的

一瓶的

活动 9
障碍赛跑

在开始做作业前动一动，会让你更容易集中注意力。坐在书桌之前，不要犹豫，先来几趟障碍赛跑。

用　时：10~15 分钟。
工　具：一张瑜伽垫。
参与者：独立完成或跟其他孩子一起。

这项活动有什么用

这个活动满足了孩子需要活动的生理需求。如果能先有适当的放松时间，孩子在做作业时的注意力会更集中。

轮到你了！

① 深深地吸气，缓慢地呼气，并重复几次。

② 将自己的房间或者客厅想象成障碍赛跑的场地。

3 在瑜伽垫上做几个俯卧撑,然后原地跳 10 次,绕着房间爬,原地转 3 圈。站起来后,大步向前走的同时大幅度摆臂,最后伸展双臂和双腿。

拓展用法

如果你家附近有公园、广场或者游乐场,你可以把这些室外场所想象成障碍赛场地。

活动 10
禅意，让我们保持禅意

你甚至还没开始做作业，就已经能够感受到很大的压力了，比如你不想做作业，你感到疲惫，你想要休息或者玩耍，你害怕自己做不好……你知道吗，压力会影响你学习或者好好做作业。

用　　时：5分钟。
工　　具：柔和的灯光，一杯热巧克力，一个热水袋，香氛，舒缓的音乐……
参与者：独立完成或由家长协助。

这项活动有什么用

尽管适当的压力可以提高孩子的学业表现，但过大的压力会影响他们的注意力、逻辑推理能力和情绪控制能力。在重压之下，任何学习活动都是无法完成的。

轮到你了！

1. 在开始做作业前，花5分钟让自己平静下来。你可以调暗灯光，喝一杯热巧克力，聆听轻柔的音乐，在脖颈后放一个热水袋，打开一瓶香氛剂……

2. 闭上眼睛，缓慢地呼吸。想象你的全身都放松了。

给成人的建议

压力是人体在安全受到威胁时产生的正常反应。

当感受到压力时大脑会随之分泌压力激素，例如皮质醇和肾上腺素。孩子也是会被压力影响的，他们会感觉自己无法控制局面，进而就会质疑自己的能力，影响他们的自信心或自我形象，并产生"我是个废物""我什么都做不好""我永远也不会成功""实在太难了"等负面想法。

活动 11
我的个人优势海报

你的个人优势就像每天带给你力量的超能力。你是独一无二的。所以请把你自己的才能、品质、技能制作成一幅海报吧。

用　时：15 分钟。
工　具：彩笔。
参与者：独立完成或由家长协助。

这项活动有什么用

要想好好学习，首先你得对自己有信心。对失败的恐惧会阻碍你前进的脚步，让你迅速陷入思维瘫痪，所以，不要让它夺走你的自信。

轮到你了！

1. 在下方的个人优势列表中，圈出与你相似的词语。

2. 把选出的这些形容词扩充为完整的句子，描述你是如何体现这种特质的。

3. 最后，把这些句子写在海报的气泡圈里。

个人优势

足智多谋	勇往直前	雄心勃勃	善于运动	灵巧机敏
现实主义	敢于冒险	勇于创新	善于观察	勤于学习
逻辑清晰	做事严谨	好奇心强	批判性	科学性
理性	理想主义	创造性	直觉敏锐	富于想象
善于表达	独创性	自发性	善于沟通	关心他人
有责任感	善解人意	合作性	慷慨大方	乐于助人
忠诚可靠	宽容豁达	亲和友善	锐意进取	雷厉风行
积极主动	勇于决策	活力四射	坚决果断	精力充沛
坚韧不拔	领导力强	计划周密	善于说服	勇于争先
令人信服	条理清晰	一丝不苟	迅速高效	认真负责
低调内敛	认真细致	井井有条		

2 写出能体现你个人优势的句子

给成人的建议

如果你想鼓励孩子继续努力,你就要相信他,并且在他整个做作业的过程中,用清晰、实事求是的语言肯定他做到的一切,比如:"你没有抱怨就开始做作业了。""你写作业的时候很专心。""我看到你在努力集中注意力。"

活动 12
我的成功阶梯

要想取得进步，我们得从一些小小的改变开始做起。现在来为自己设定一个目标，然后采取一些简单、清晰、可实现的小步骤来实现它吧。

用　时：15分钟。
工　具：本活动提供的成功阶梯图，一支笔。
参与者：独立完成或由家长协助。

这项活动有什么用

这项活动让孩子通过完成一系列具体的小目标，从而逐步实现一个大目标。

轮到你了！

1. 对于完成作业的时间，你有什么想要优化的吗？你想要先把物品都整理好再开始做作业吗？怎样做可以让你保持更长时间的专注？

2. 写下目标实现过程中的每一个小步骤。

比如你的目标是做事更有条理。下面这些就是实现目标过程中的一个个步骤，帮助你一步步实现目标。

- 整理书包。
- 整理书桌。
- 把零散的作业纸贴到笔记本里。
- 按学科把书本整理到文件袋里。
- 做作业时不干别的（比如刷手机或者陪弟弟玩）。
- 在记事本上记下所有的作业。
- 在学校的电子校历上查看所有需要做的事。
- 随时在已完成的任务上打钩。

给成人的建议

你可以通过提出以下问题帮助孩子：

WHAT：你打算做什么？

WHEN：你准备什么时候做？

HOW：你要怎样做才能实现目标？

重要的是让孩子找出实现目标的方法，这样他才能意识到，他是否达成了目标，以及达成目标的时间。

在每个台阶上写出迈向最终目标的一小步

活动 13
用呼吸减轻压力

你是不是一想到要做作业,就感到心跳加速?我建议你用另一种方式呼吸,你会发现,这简直太神奇了!

用　时:5 分钟。
工　具:不需要。
参与者:独立完成或由家长协助。

这项活动有什么用

通常情况下,我们在休息时每分钟呼吸 12 至 15 次。我们的心率不是恒定不变的,它会根据周围环境的不同而进行调整。平缓的呼吸可以激活心跳与脉搏的同步性。在心跳与脉搏同步的状态下,每次吸气,心脏都会获得平静,并恢复到一种平衡状态,从而帮助我们平复过于强烈的情绪。

轮到你了!

① 准备好安静地做 5 个深呼吸了吗?
伸出你的双手,用左手的食指沿着右手的轮廓缓缓移动。

② 然后双手交换分工。

③ 当你沿着手指的轮廓向上移动时，深深吸气，从 1 数到 3。你可以在到达指尖的时候稍作停留，屏住呼吸，数到 3。然后沿着手指向下移动，缓慢地呼气，数到 3。

拓展用法

对于部分孩子来说，这种呼吸的方法可能在开始阶段会略显复杂。随着孩子逐渐适应，可以将每次吸气和呼气的时间从 3 秒增加到 4 秒。

给成人的建议

你可以检查孩子是否在用鼻子深吸气，持续 3 秒，并采取腹式呼吸法。你可以告诉他，他应该感受到腹部的膨胀。接着，他可以用嘴巴呼气，持续 3 秒。

作业时间管理

你说，孩子怎么一定要等到最后一刻才开始写作业？

孩子总是丢东西或者把东西落在学校，家长不在就不知道怎么开始做作业，不会自我管理……而解决问题的关键是前置管理。

现在就需要借助系统化的工具或方法，通过计划、分类、整理的方式，帮助孩子养成能够激发他们自主性并提高效率的新习惯和新作息。

这一章里介绍的活动将帮助孩子缩短冗长的作业时间，集中注意力，创造自我管理的工具，制定"飞行计划"，从而避免孩子磨蹭到最后一刻才开始做作业。

活动 14

超级计时器

你要估算出做作业所需的时间,要记录开始做的时间,但更重要的是记录完成的时间!没有什么比永远做不完的作业更让人沮丧的了。

用　时:15 分钟。
工　具:活动素材手册中配套的秒表图片,剪刀。
参与者:独立完成或由家长协助。

这项活动有什么用

提前做好计划可以激发孩子的动力。如果孩子在开始做作业之前就知道自己要花多长时间,就不会一直磨蹭着不开始,而且会更容易专注在当下。

轮到你了!

❶ 请你设定开始做作业和完成作业的时间,并写下你预估完成每一项练习、课程或者阅读所需要的时间。

❷ 将活动素材手册中的秒表图片剪下来，放在下一页的作业列表里。

比如，你估计完成计算练习需要 10 分钟，那你就把画着 10 分钟的秒表卡片放在"数学"这栏的右面。

❸ 启动秒表开始计时，并努力在预计的时间内完成这项任务。

参考资料

一、二年级：家庭作业应该在 10~30 分钟内完成，且内容仅限于阅读、书写或者背诵。

三年级到小学毕业：每天 30~45 分钟做作业足够了。

给成人的建议

告诉孩子，作业就应该在规定时间内完成。这个时限可以根据不同的标准来设定：比如孩子能够高质量地、专注地学习的时长，老师规定的完成作业的必要时长……时间一到，就让孩子把作业都收起来。如果他在开始的时候磨磨蹭蹭，还需要一点时间才能完成作业，你就让他第二天早起 15 分钟继续做。

我的家庭作业计划表

科目	预计用时
数学 计算 几何	
语文 阅读 写作 背诵 语法 词汇	
科学课	

（续）

科目	预计用时
外语	
其他科目 历史 地理 道德与公民教育	

活动 15

我的每日课后作息安排

有了规律的作息安排,你就能学会照顾自己,你会变得独立,也会记清每天放学回家后要做的每一件事。

用　时：10 分钟。
工　具：活动素材手册中配套的活动卡片,剪刀,磁力贴。
参与者：独立完成或由家长协助。

这项活动有什么用

成人可能不喜欢作息时刻表,但是孩子喜欢。这能让他们感到安全,还能变得主动。一旦养成了习惯,家长就再也不用反复地催促了。

轮到你了!

❶ 把活动素材手册中的活动卡片剪下来,将每张卡片沿中间的虚线对折。

❷ 将你每天放学后要做的事情按时间顺序进行排列，或者把它们写下来。

❸ 在每张卡片背面贴上一对可以互相吸住的磁力片，当你吃完零食、做完运动或者做完作业后，你就可以把这张卡片合起来。

拓展用法

作息时钟：只需要将图片贴在时钟上，并给每张图片对应的时钟区域涂上不同的颜色。当时针进入一个新的颜色区域时，孩子就必须进入下一项活动。

给成人的建议

你也可以让孩子在他的每日作息安排里自由选择，只要保证在睡觉前都能完成就可以。给孩子选择的机会，这能让他们更容易参与其中。

吃零食

做运动

做作业

活动 16

一张桌子，一支笔

你知道吗，如果你的书桌和桌面的物品整洁有序，你的学习效率会更高。只需要 5 分钟，你就可以整理和收拾好它。

用　时：15 分钟。
工　具：废纸篓，不同颜色的便利贴，将活动素材手册中配套的整理盒组装好。
参与者：独立完成或由家长协助。

这项活动有什么用

通过收纳、丢弃、回收，整理的不仅是书桌，还有孩子的注意力。一张干净整洁的书桌能让孩子更容易找到他需要的东西，这样不但节约了时间，还更容易保持专注。

轮到你了！

1 请把书桌上的物品分成三类：要留下的、可回收的、要扔掉的。

❷ 继续对要留下的物品进行分类：不同类别的物品用不同颜色的便利贴进行区分，这样更便于查找。

❸ 尽量将与学习相关的物品放到抽屉里或者书桌旁的收纳盒里。如果你能把所有可能导致分心的东西都拿开，你的效率会更高。

❹ 建议你用活动素材手册中的模板做一个收纳盒，用来放那些跟学习无关的小东西。

拓展用法

在家长的帮助下，你甚至可以重新布置你的学习区域，比如调整书桌的位置。

给成人的建议

各种书、本、零散的卷子、折断的铅笔和碎成小块的橡皮……当书桌上一片狼藉，孩子也会被各种思绪缠绕。尽管保持桌面干净整洁并非易事，但我们还是有一些简单易行的小技巧，能够帮助孩子把他们的学习区打造成一个舒适、有序的小天地，以便在此专注地学习。

活动 17

我的飞行计划

飞行计划是一架飞机在飞行前制定的一系列详细信息，并呈报给空中交通管理部门的文件。它包含出发地、目的地、乘客人数等信息。下面来为你这一周的作业制订一份"飞行计划"吧。

用　时：15 分钟。
工　具：下文中的"我的飞行计划"表，一支笔。
参与者：独立完成或由家长协助。

这项活动有什么用

老师总是强调："不要把所有作业都拖到最后一刻或者拖到周末才做。"写下这一周要完成的所有任务，你就能提前规划，让一切尽在掌握。

轮到你了！

① 查看本周所有科目的作业，然后做出安排。

② 注意保持均衡：要把任务分散开，避免所有的工作都集中在一两天里。

拓展用法

"飞行计划"的周期可以更长，比如一个月或者一个季度。

给成人的建议

你可以陪孩子一起制订一周计划，这样就能确保他们不会漏掉内容。这项活动还将为他们进入高年级做好准备。

3

我的飞行计划
写下一周里每天要完成的任务

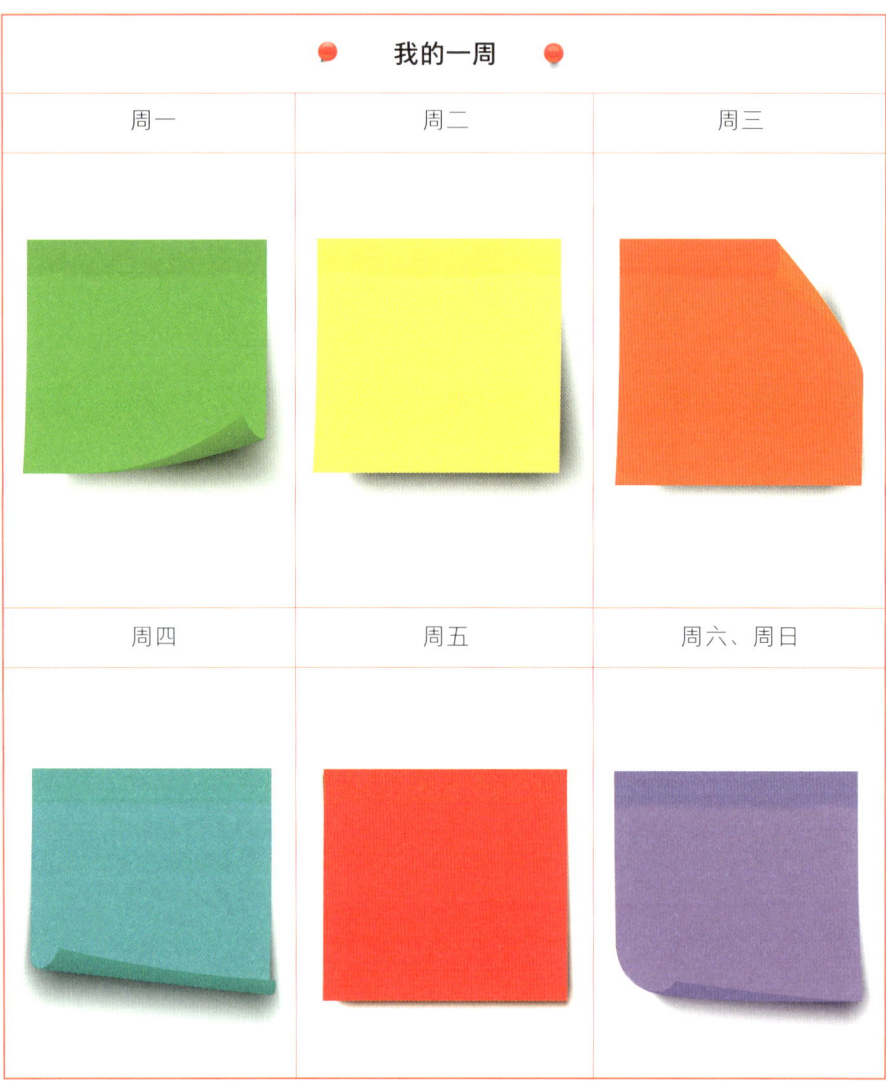

活动 18

我喜欢的，我不喜欢的

你是不是不想做作业？一想起这事就不开心？这有一个小妙招，能让你不再拖延，而且让你做作业的过程不再难熬。

用　时：做作业的时间。
工　具：下文中的"我喜欢的/我不喜欢的"模板，一支笔。
参与者：独立完成或由家长协助。

这项活动有什么用

交替完成不同类型的任务，为保持学习动机和提高学习效果创造了条件。学习动机对于学习兴趣至关重要。一旦动机缺失，你就可能丧失求知的欲望。

轮到你了！

1 如果你喜欢做数学题，但是不喜欢复习和听写生词，你就可以交替去做你最喜欢和你最不喜欢的作业。

从你的作业里挑出三项你最喜欢的任务，写在下一页模板左侧的椭圆图里（第1、3、5项），然后在右侧的椭圆图里写三项你最不想做的任务（第2、4、6项）。

2 在做作业的时候，交替进行你喜欢的任务和你不喜欢的任务。

给成人的建议

动机不足可能导致一系列消极行为，比如垂头丧气、自怨自艾、咄咄逼人甚至我行我素。而将喜欢的任务和不喜欢的任务交替进行，更容易让孩子保持专注。

作业时间管理

 我喜欢的 / 我不喜欢的

☐ 1. ....

☐ 3. ....

☐ 5. ....

1.
2.
3.
4.
5.
6.

☐ 2. ....

☐ 4. ....

☐ 6. ....

活动 19

待完成，进行中，已完成！

当下正在处理的一件事还没做完又开始一项新的任务，不知道该怎么做，在一堆作业中迷失方向——这说的是不是你？本活动提供的"我的看板"能帮你清晰了解任务进度并做好计划安排。

用　时：持续几天。
工　具：一张表或者一张大纸，便利贴，一支笔。
参与者：独立完成或由家长协助。

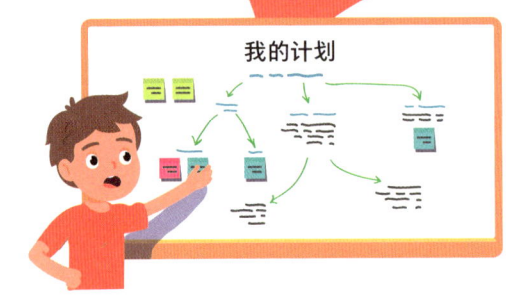

这项活动有什么用

"看板工作法"的前身是"丰田生产方式"——一套由日本工程师大野耐一在 20 世纪 50 年代为丰田汽车发明的可视化的工作流管理工具。称之为"看板"是因为这个词在日语里有"标签"的意思，这让我们联想到流水线工人使用的标签。当一辆车从一个工位移动到另一个工位时，就会被贴上标签，这样工人们就知道已经完成了哪些任务，需要完成哪些任务，以及需要在什么时候完成。这种可视化的工具对了解工作进度十分有益。

作业时间管理

轮到你了！

① 还有什么比搞定作业更棒的事呢？做一张表，画出三栏，分别是待完成、进行中和已完成。

② 在便利贴上写下所有的要完成的作业。

③ 根据各项作业的完成情况把便利贴贴在表里的相应位置。这张表可以帮你了解你还要做什么事，你正在做什么事，以及你已经做完了什么事。你也可以把贴在"已完成"一栏里的便利贴扔掉。

给成人的建议

"看板"可以视觉化地呈现出孩子需要完成的任务，同时也能让他们看到任务在变化的状态，直到完成后被扔掉。

3 我的看板

待完成	读完阅读材料第 42 页的第 3 章。
进行中	周二前完成数学练习册第 20 页的第 6 题和第 8 题。
已完成	到图书馆找资料，准备关于火山的分享演讲……

活动 20
番茄工作法

一个番茄计时器如何能让工作效率翻倍？这个时间管理方法的名字来源于意大利语中的"番茄"一词。

用　时：做作业的时间。
工　具：一个计时器。
参与者：独立完成。

这项活动有什么用

弗朗西斯科·西里洛是意大利 20 世纪 80 年代末的一名大学生。有一天他萌生了一个想法：用手头的工具来为学习和休息设定节奏，他就用了一个番茄外形的厨房计时器，于是根据意大利语的"番茄"来命名的"番茄工作法"由此诞生。这种方法有助于你把做作业过程中的休息时间提前规划出来，从而提高专注度，同时还能增强自律，减少拖延。

3 轮到你了！

① 选择一项要完成的任务。

② 把计时器调整为 25 分钟，你要尽可能全神贯注地学习 25 分钟，直到计时器响起。

③ 休息 5 分钟，你可以走一走，看看窗外，喝杯水，然后再次开启 25 分钟的专注学习时间。就这样循环 4 次后，你就可以获得一次 15~20 分钟的长休息。

拓展用法

你可以根据孩子的年龄和专注力适当调整计时器的时长，比如设定 10 分钟学习、5 分钟休息、10 分钟学习的节奏。

给成人的建议

看着计时器上剩余的时间越来越少，孩子容易更快地完成当下的任务。这种方法对成年人也非常有效。

提高学习专注力

你说，这孩子怎么就不能专注呢？

你的孩子会不会在学习时突然站起来，动个不停，看看窗外，摆弄铅笔，或者走神？保持专注对孩子来说可不是件自然而然的事。

"专心点""注意点""看着点"……这些指令对孩子来说毫无意义，因为从来没有人向他们解释具体应该怎样做。

现在是时候要教会他们如何集中注意力了，比如一次只专注于做一件事，处理信息的时候忽略其他干扰，为文字配上图像或在头脑中将其视觉化以便更好地理解。

在"专心致志"这一章里提供了一系列小游戏和小技巧，它们能够帮助孩子进入沉浸式的学习状态，选择并坚持一次只做一件事，以便更好地听到并记住要点。

活动 21
在泡泡里沉浸式学习

你见过肥皂泡泡吗？这个反着光的彩色小球包含空气、水和肥皂分子。它很脆弱，一般只在空中停留片刻就会破裂。

用　时：2~5 分钟。
工　具：无。
参与者：独立完成。

这项活动有什么用

注意力能让你毫不费力地，甚至是在不经意间，就对周围发生的一切保持敏感。而专注力则需要你有意识的参与，并且主动专注于某项任务。每个孩子的专注能力会因性格和兴趣的不同而有所差异。学习如何专注并保持头脑活跃是一个需要付出努力的过程。通过不断的练习，你就能做到把注意力集中在某一项任务上。

轮到你了!

1. 为了能让自己全神贯注,请想象你正被一个肥皂泡泡包裹着。它可太棒了,只要你置身其中,就能保持专注。但是它太脆弱了,只要轻轻一碰,它就会破掉。

2. 在开始一心一意地做作业之前,可以动一动手臂,想象自己正被泡泡环绕。

拓展用法

对于有些孩子来说,使用降噪耳机或者让书桌朝向一面白墙(墙上没有电视或者其他容易让人分神的东西)就能更加专注。

给成人的建议

注意,如果一个孩子无法集中注意力,这并不意味着他有注意力缺陷。只有具有一系列症状才能确诊 ADHD(注意力缺陷多动障碍),而且只有专业的医生才能做此诊断。ADHD 可能导致孩子注意力不集中、行为冲动或者过度活跃。大约 5%~8% 的儿童会受到这种神经生物学疾病的影响。

活动 22
注意力隧道

将注意力始终聚焦在作业上,这可不是件容易的事。因为片刻之间,你的思绪就会从书本上飘走。

用　时:5~10 分钟。
工　具:一个手电筒。
参与者:独立完成。

这项活动有什么用

这项活动能帮助孩子将目光锁定在一个特定的目标上。每时每刻我们的耳朵和眼睛都在受到许多条信息的"轰炸"。在这种情况下,要学会使用选择性注意力,这要求你只关注某些特定信息,而将其他信息置于"睡眠"模式。

轮到你了！

1 下面我们来训练保持专注的能力，想象自己正置身于注意力的隧道中。你可以用手电筒照亮你要背的课文。

2 让手电筒的光亮随着你的进度移动。

拓展用法

如果没有手电筒，把双手放在头的两侧，以此形成一条注意力的隧道，注意目光始终不要离开书本。

给成人的建议

有研究表明，当一个人在读书的时候，平均会有 20%~40% 的时间在放空。当我们需要学习或者解题的时候，这种大脑自然产生又不可避免的游离让人很是无奈。这时就可以用手电筒照亮要学习的内容，以此帮自己专注。诊断为 ADHD（注意力缺陷多动障碍）的孩子可能表现出注意力不集中、行为冲动或者过度活跃。大约 5%~8% 的儿童会受到这种神经生物学疾病的影响。

活动 23
隐藏的宝藏

你喜欢寻找宝藏吗？注意力就是帮助你在学业中取得成功的宝藏！

用　时：10分钟。
工　具：本活动提供的密钥和加密锦囊，一支笔。
参与者：独立完成。

这项活动有什么用

这项活动可以发展孩子的视觉敏锐度和联想能力。他们要发现、记忆并整合所有的线索，这些不同的动作能够帮助他们变得更加专注。

提高学习专注力

4

轮到你了！

根据本活动提供的密钥破解下文的加密锦囊，你会找到做作业更专心、更专注的秘诀！

拓展用法

孩子可以发明自己的密钥，并制作加密信件。

给成人的建议

你还可以用密钥给孩子写出其他的内容。密钥里的每个图案对应一个字母。可以提醒孩子专注地观察密钥几分钟，然后将对应的字母写到锦囊中，以训练孩子的专注力。

专注密钥

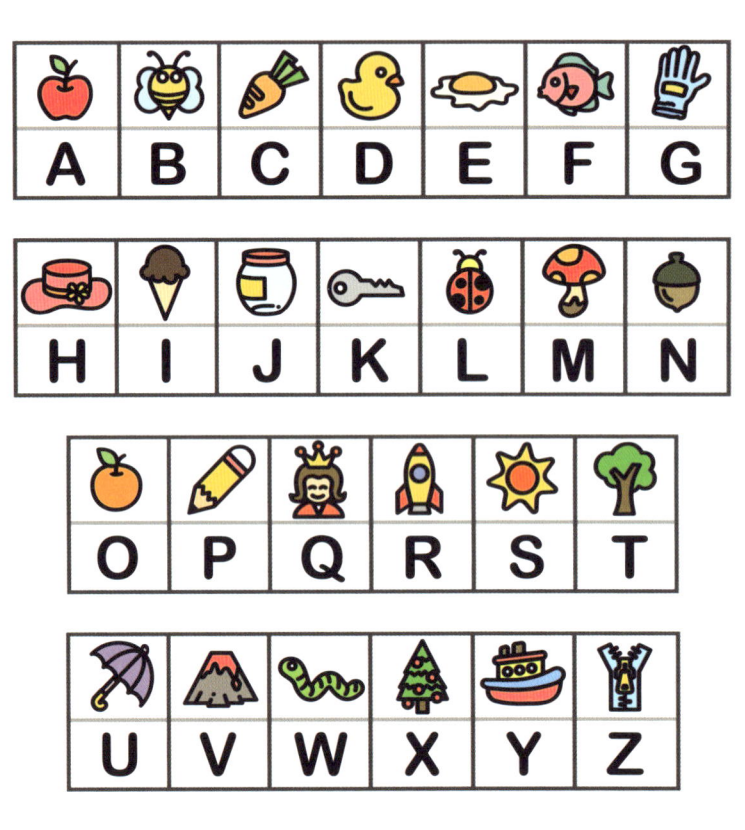

保持专注的加密锦囊

活动 24
效率飞行棋

这个飞行棋是一个能帮你高效完成作业的好工具。

用　时：15 分钟。
工　具：本活动提供的棋盘，一支笔。
参与者：和家人或者朋友一起。

这项活动有什么用

　　这项活动能帮孩子记住有益处的方法，让他们在做作业时更专注、更高效。孩子将会养成保持专注的新习惯，并和家长增进相互的理解。

轮到你了！

① 玩家轮流掷骰子。从数字最大的玩家开始游戏。

② 根据掷骰子得到的数字，决定走几格，阅读说明并按要求做。如果走到"施工中"（画着锥桶的格子），就跳过这个回合。
最先到达第 20 格的玩家获胜。

给成人的建议

这是一种用轻松的态度面对孩子写作业的方式,而不是责备、威胁或者大喊大叫……在游戏中,孩子会记住所有的小窍门,从而在学习时更加平静、专注和投入。

1. 要求周围保持安静。
2. 拿出你做作业时需要用到的物品。
3. 喝适当的水。
4. 让身体充分伸展。

5. 停：同时做好几件事让你分神了，跳过你的回合！
6. 说说哪里是最适合做作业的地方。
7. 像新西兰橄榄球队在比赛前表演的毛利战舞一样，请你也设计一个开始做作业的仪式性动作。
8. 大声重复5次："我相信我自己。"
9. 说出一个自己的优点。
10. 停：你觉得作业实在太难了，跳过你的回合！
11. 在自己身上找到一种"超级英雄"的品质：勇气、耐心、乐观、坚毅……
12. 不出声，表演学校里的一门课。
13. 停：你不想做作业，只想玩，跳过你的回合！
14. 闭上眼睛数到5，想象所有作业都顺利完成的情景。
15. 给自己做个面部或手部按摩。
16. 全身放松，想象自己无比柔软。
17. 停：你不想做作业而一直在抱怨，跳过你的回合！
18. 在空气中画出无穷的符号"∞"，多画几次。
19. 今天上学都学了什么？把你记住的都写出来。
20. 把"我想放弃"这句话换成"这的确有点费力，不过我还是很强的"。

活动 25
真的懂啦！

你是否有过这种时候：看到了作业要求，却没理解，不知道该怎么做？下面这个纸牌游戏可以帮你练习。

用 时：20 分钟。
工 具：活动素材手册中的指令卡。
参与者：和家人或朋友一起。

这项活动有什么用

指令是让孩子开始行动的第一个要素。在开始行动前，孩子需要首先理解任务是什么，把别人交给他们的任务变成自己的事情，并且还要知道为什么让他们做这件事，也就是这项任务的目的是什么。

轮到你了！

每位玩家依次抽一张指令卡，完成上面的指令。

1 理解这条指令。

4

② 在头脑中想象。

③ 思考该如何做。

④ 开始行动。

⑤ 检查是否按要求完成了任务。

拓展用法

你可以设计自己的"听口令做动作"游戏。

给成人的建议

很多时候,孩子根本不知道自己不清楚:他以为他已经懂了。所以,在读完每条指令后,让孩子用自己的话说说这是让他做什么。然后,如果需要的话,用更简单的词句复述卡片上的指令。

数数"章鱼"(octopus)这个词有几个字母。

把双手捂在耳朵上,先放下右手,然后再放下左手。

看向窗外。

提升作业乐趣

面对作业,你的孩子可能会表现出拖延、生气或者沮丧。如果你建议他换一种学习方法,会怎么样呢?

在作业中加入趣味活动会对孩子产生积极的影响。趣味是学习的强大推动力。新颖的学习方法可以吸引孩子的注意力,激发他们的好奇心和兴趣。此外,带着好心情做作业也有助于孩子对作业留下积极的印象。

"在玩中学"这一章介绍的方法让孩子在唱歌、表演和游戏中学习。通过拼图和谜题等游戏,孩子会发现有趣且有效的新颖的学习方法。

活动 26

家庭卡拉 OK

"哆,来,咪,发,嗦……课文飞起来了!"知道吗,唱歌可以帮助你将知识记得更牢!

用　时:10 分钟。
工　具:无。
参与者:独立完成或由家长协助。

这项活动有什么用

音乐可以刺激整个大脑,尤其是语言和记忆功能。由文字与音乐混合所产生的节奏感更容易被记住。这种特殊的刺激会增加大脑中海马体的活跃程度,而海马体是大脑中检索记忆信息的重要部位。

1 哼唱一段旋律,比如一首你喜爱的歌。

2 试着用这首歌的旋律来演唱你需要背诵的课文、概念或者诗歌。

❸ 你可以哼唱自己熟悉的歌曲，比如《在月光下》，你也可以选择说唱等嘻哈音乐形式。

拓展用法

如果你担心唱歌走调，可以在洗澡的时候一边唱歌一边复习功课。

给成人的建议

和孩子一起唱歌是一条通往身心健康的捷径。
唱歌有助于舒缓压力，释放过剩的精力。

我把知识编成歌，轻松牢记乐趣多！

活动 27

山谷回声

在山谷里，如果你唱歌或者大喊，不久你就会听到相同的声音传递了回来，这就是回声。

用　时：5 分钟。
工　具：无。
参与者：至少 2 个人。

这项活动有什么用

学习主要通过调动三种感官通道进行：视觉、动觉和听觉。而孩子更倾向于通过听觉学习，他们常常要经由听到、说出、讲述和重复才能记住知识点。你可以利用孩子的这种潜在特点，让他通过大声朗读、向他人讲述或者给自己录音来增强记忆。

轮到你了！

想象你站在山顶：说出所有你新学到的生词，另一个人表演回声，你要时不时停下来听一下你的回声。然后你们可以互换，由你来扮演回声的角色。

拓展用法

你还可以玩"鹦鹉学舌"的游戏，就是准确无误地重复对方所有的话。

给成人的建议

"山谷回声"游戏是一种令人愉快的复习生字词的方法。愉悦的心情有助于将知识牢牢地记住。

活动 28

五颜六色

绘画能在你的头脑中留下深刻的记忆！请你试着通过绘画来背诵课文或者诗歌吧。

用　时：15 分钟。
工　具：毛笔，颜料，各种彩笔。
参与者：独立完成或由家长协助。

这项活动有什么用

绘画或者涂鸦可以让学习变得更有趣和更有吸引力。有了形象的画面，你会更容易记住词句的内涵。联想的工作原理是通过将头脑中的图像结合在一起来加深记忆。当一个图像触发了另一个图像时，记忆就被唤醒了。

轮到你了！

❶ 读一首诗，然后在诗的旁边画出你所理解的内容。例如：

彩虹

太阳爱上了
夏天的热雨，
但他却十分不幸，
因为无法与她相遇。

——B. 卡萨德苏斯

2 下面请你继续为这首诗创作插图，你可以使用各种颜色的颜料和画笔。

拓展用法

你还可以使用图形、表情、箭头和表格等元素来创作。

给成人的建议

你可以与孩子一起读课文，边读边画。你们可以轮流创作一个元素，画完后，合上课本，尝试对照画面来背诵。不需要画得特别漂亮或者完美，只要孩子能够理解并且记住它所要表达的思想即可。

活动 29
老巫师的谜题

传说中的老巫师会在整个冬天秘密地制造谜题……你想要跟他一样吗?

用　时：15 分钟。
工　具：一支笔。
参与者：独立完成或由家长协助。

这项活动有什么用

通过猜谜游戏，孩子可以在游戏中学习字词。这会提高孩子的积极性，降低他们对失败的抵触。

 轮到你了!

读课文或者学习生字词，试着把它变成一个谜题。你可以用拆字、填空或谜语的方法出题，并把它们写在纸上。

如何用拆字的方法出题？

1. 把谜底的字按组成部分拆分。

2. 把拆分出来的各个部分组成一句有意义的话，作为谜面。

例如：七人头上长了草，是什么字？是"花"！

如何用填空的方法出题？

找到书里的课文或者概念，把它们抄下来，将你认为重要的字词空出来。你也可以把课本复印下来，用黑色记号笔把重要的内容涂掉。试试跟家人一起来做填空游戏吧！

拓展用法

你还可以用隐形墨水写信。做法是这样的：(1)将柠檬汁挤到杯子里。(2)用棉签蘸着柠檬汁在纸上写字。(3)把纸晾干。(4)在家长的协助下，把纸放到灯泡或者蜡烛旁边加热。(5)你的密信内容就会显示出来了。

活动 30
搭建几何体

准备好参加这项充满乐趣的几何活动了吗？你可以构建平面或立体的几何图形，让全家人眼前一亮！

用　时：20分钟。
工　具：不同长短的小棒（牙签，火柴，吸管等），可塑黏合剂。
参与者：独立完成。

圆形

这项活动有什么用

从不同的维度上搭建几何图形可以帮助孩子更好地理解几何体的概念，这些概念不是仅靠看数学书就能掌握的。这项活动还能帮助孩子辨认不同的形状，理解并数清它们有几个面和顶点。这也是学习理解从抽象到具体的机会，同时还锻炼了思维的灵活性。

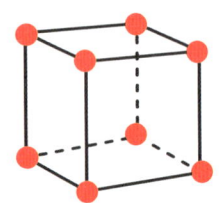 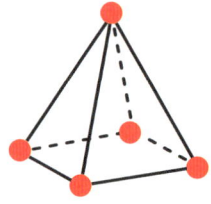 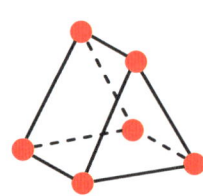

轮到你了！

1. 将黏合剂揉成小球，拿出小棒。

2. 根据上文的模型图，先从简单的平面图形开始：如何做出正方形、三角形、菱形？

3. 现在你可以探索那些立体结构了，搭建立方体、金字塔、三棱柱……从此几何对你来说不再神秘！

给成人的建议

对于孩子来说，理解从立体到平面或者从平面到立体的转换可能有点复杂。有了具体的实物，就可以让孩子亲自动手搭建一个物体。在孩子操作的过程中，可以让他们说出这个几何图形的形状和与之相关的几何术语。

矩形

星形

活动 31

我的知识点拼图

这项活动能帮助你做出自己的拼图游戏！然后，你就会一边开心地玩拼图，一边复习功课。

用　时：20 分钟。
工　具：活动素材手册中配套的拼图模板，一支铅笔，一支彩笔。
参与者：独立完成或由家长协助。

卢瓦尔河

这项活动有什么用

如果一个人是"视觉学习者"，那他就需要通过"看"才能记住知识点。实际上"看"指的不仅是阅读，还包括看图表、照片、图画、视频……通过拼图这种有趣的载体来复习课上所学的内容，能帮助孩子把这些知识点记得更牢。

轮到你了！

1. 将知识点写在拼图上：每一块写 1~2 个知识点。
你还可以用彩笔在拼图上画花边来装饰或者画出与课程相关的插图。

2. 将拼图剪下来。

3. 将拼图打乱顺序，然后重新拼好。

4. 阅读课本，确保所有的知识点都放在了正确的位置上。

给成人的建议

你可以帮助孩子在拼图上写下知识点或者帮助他剪下拼图。

活动 32

安静，开拍！

"3，2，1，开拍！"你现在是一个电影明星了。你可以尝试用拍电影的方式来复习功课。

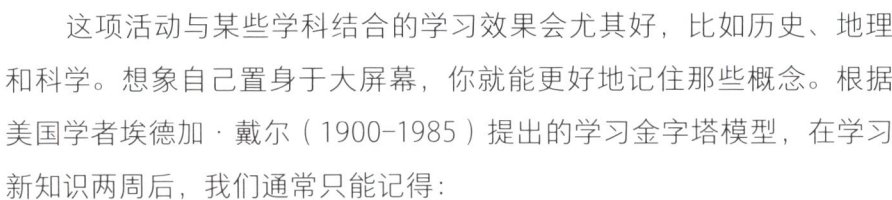

用　时：15 分钟。
工　具：一张纸，几支笔。
参与者：独立完成。

这项活动有什么用

这项活动与某些学科结合的学习效果会尤其好，比如历史、地理和科学。想象自己置身于大屏幕，你就能更好地记住那些概念。根据美国学者埃德加·戴尔（1900–1985）提出的学习金字塔模型，在学习新知识两周后，我们通常只能记得：

10% 我们通过文字材料读到的内容。

20% 我们听到的内容。

30% 我们看到的内容。

50% 我们边听边看，或者别人向我们展示的内容。

70% 我们将所见所闻与别人讨论或者向别人讲解的内容。

90% 我们亲身经历或体验过的内容。

轮到你了！

将自己想象成怪兽、愤怒的女巫、慈祥的老人、科学疯子、勇敢的宇航员、天才画家……

你还可以模仿明星或名人。

拓展用法

在本活动中，还可以是由孩子表演一个场景，然后请成人来猜这是在讲什么内容。比如：原始人以狩猎、捕鱼、采集为生。孩子要努力回忆他在课堂上学到的知识，做出不同的动作，摆出适当的手势和姿势。

给成人的建议

你们可以尝试玩故事接龙的游戏，由你先开始，然后孩子继续。

我是一个大树精，现在给你讲讲关于我的故事……

我叫艾萨克·牛顿，是著名的数学家、物理学家。我发明了……

活 动 33

折纸游戏"东南西北"

你可以用纸折出一个"东南西北",然后用它来复习乘法口诀表,还可以借机向全家人提问。

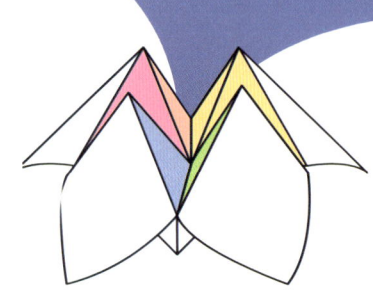

用　时：20 分钟。
工　具：活动素材手册中配套的"东南西北"折纸模板,一支笔。
参与者：独立完成或由家长协助。

这项活动有什么用

乘法口诀表是小学数学课程的重要组成部分。要想记住这些口诀,"东南西北"可以调动你所有的感官:你要将口诀内容写下来、读出来、让别人背给你听……帮助你把新知识与积极、愉快的情绪联系起来,这会让学习变得更高效。

提升作业乐趣

轮到你了！

1. 将活动素材手册中的正方形折纸模板剪下来，根据下文的图示进行折叠，折成一个"东南西北"模型。

2. 从乘法表里选出一些内容，把算式写在外面，把答案写在里面。

3. 向身边的人提问："你要哪个数字？你要什么颜色？"然后你就可以念出对应的算式题。打开"东南西北"来核对答案。

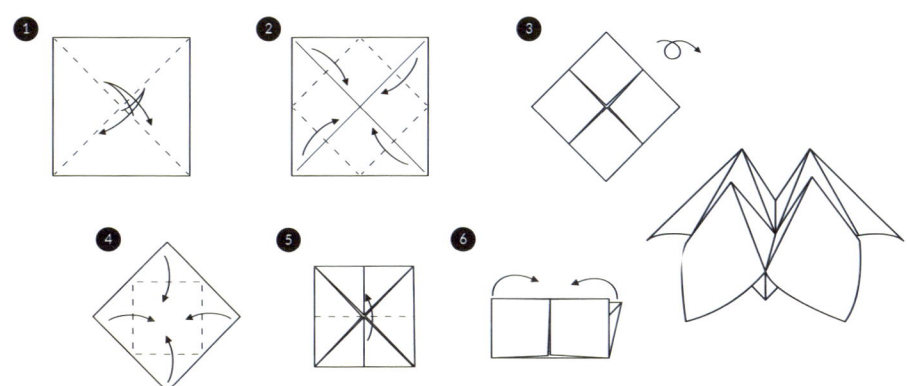

拓展用法

"东南西北"可以用于学习和记忆各种内容，比如学校里的功课（字词，科学常识，外语……），也可以用于管理情绪或者发现个人优势。只需要提出问题，准备好答案，然后将它们写在"东南西北"上，我们就可以开心地玩起来了。

给成人的建议

一定要和孩子一起玩，一起复习乘法口诀表。

活动 34
魔法巨龙

这是一个神奇的填色游戏,你要通过做口算来让这条巨龙重现美丽的色彩。

用 时:15 分钟。
工 具:彩笔。
参与者:独立完成。

这项活动有什么用

解码涂色游戏是一种把学与玩结合起来的理想工具,在孩子玩的过程中练习了口算。数学是我们日常生活的工具之一,因此十分有必要从小培养孩子的计算能力,尤其是四则运算能力。

轮到你了!

完成下文巨龙图片里的加减法计算,用与计算结果对应的颜色给该区域涂色。

拓展用法

你可以制定其他的涂色规则，比如用乘法或者除法，还可以尝试用多音字、同音字、形近字等方式出题。

你知道吗？

法语里"计算（calcul）"这个词来自于拉丁语的"calculus"，指的是石子，因为在古罗马时期，人们日常是用鹅卵石来做计算的。

给成人的建议

解码涂色游戏能够帮助孩子克服计算障碍，还能培养孩子独立学习的能力。如果孩子不喜欢涂色游戏，你可以尝试与他一起涂。

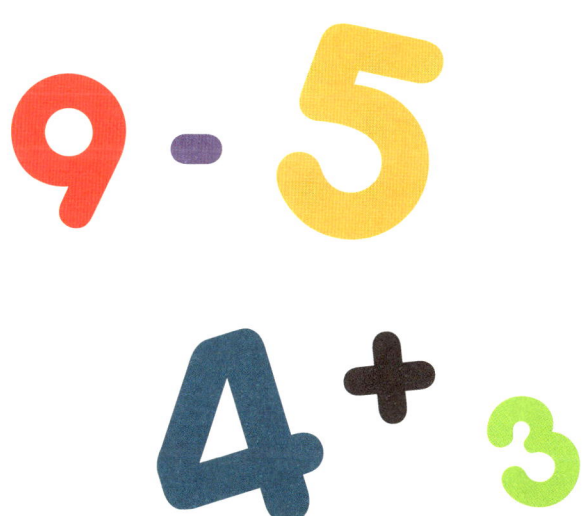

不拖延，也不分心：儿童自主学习实践手册

5

活动 35

图解单词法

有时候你需要脑洞大开才能克服困难，比如转换现实，让它变得回味无穷……

用　时：10 分钟。
工　具：彩笔。
参与者：独立完成或由家长协助。

这项活动有什么用

视觉语义学是一种寓教于乐的方法，它将图像与文字的含义相结合，突出单词拼写上的特点，从而有助于将其记牢。这项活动的目的是通过将单词的拼写与图像相结合，整合拼写规则，帮助记忆。

轮到你了！

你可以通过在单词的细节上画图来记住这个词的特殊性。例如，你可以把"snake（蛇）"这个单词的首字母"s"画成一只小蛇。或者，更简单和直观的办法，就是给每个单词配图。

拓展用法

你还可以给每个单词编个记忆点。

"帐篷（tent）"这个单词里有两个字母 t，t 像伞，两把大伞撑起来像帐篷一样；"高度（height）"这个单词开头的字母 h 像一个高高的椅子……

这些记忆点可以帮助孩子避免那些拼写中常犯的错误，从而更容易记住拼写规则。

给成人的建议

你可能发现了，很多书籍和网站（包含视频、游戏、图片等）都会给文字配图，但是如果能让孩子创造出自己专属的图文对照关系，并以此作为记忆的工具，记忆的效果会更好。

鸟笼

活动 36

"吊死鬼"游戏

你玩过"吊死鬼"游戏吗?你知道这是一种帮你顺利通过听写的好办法吗?只需要一张纸和一支笔,就可以开始啦!

用 时:10分钟。
工 具:一张纸,一支笔。
参与者:两个人。

"吊死鬼"

这项活动有什么用

请你想象一下,在头脑中拼写一个单词,然后逐个字母地显现出来,这是一种记忆拼写的好方法,也是扩大词汇量的有趣方法。

5

轮到你了！

规则很简单：

① 根据目标单词的字母数量，画出相应数目的短横线。

② 请对方通过问问题来猜字母。

③ 当每猜错一个字母时，就在"吊死鬼"的身体上画一笔。如果对方猜对了，就将字母写到对应的横线上。当完全猜出这个单词时，或者完整画出"吊死鬼"时，游戏结束。

④ 然后，你们互换角色并可以开始下一轮。

拓展用法

还有一种背单词的办法：大声读出这个单词，然后把它写在纸上。想象你的眼睛是一台照相机：先闭上眼睛，然后睁开眼睛来给这个单词拍照，再闭上眼睛，就像把单词的照片储存在了大脑里。

给成人的建议

孩子在学校每周要学习大约 10 个新单词，老师会听写，这可不是什么有意思的事。"吊死鬼"游戏能帮助孩子记住一些不容易记忆的长单词或含有不发音字母的单词。

活 动 37

手指玩偶

有了这些手指玩偶，学习的时间就变成了讲故事的最佳时机。将猫头鹰、海象或者小老鼠戴在手上，让想象力尽情奔涌，让我们用这种有趣的方式来学习吧。

用　时：10 分钟。
工　具：活动素材手册中配套的手指玩偶，剪刀，胶水。
参与者：独立完成。

这项活动有什么用

有了这些漂亮的手指玩偶，孩子们就可以表演各种奇妙的场景，充分发挥他们的想象力，以便复习在学校学到的知识。同时这也是一种在游戏中发展语言能力的方法。

轮到你了！

1. 将活动素材手册中配套的五个手指玩偶小心地剪下来，将长条部分绕在手指上，并用胶水固定。

❷ 你可以把课上所学的内容表演出来，比如假扮一个小动物向另一个小动物提问。

拓展用法

孩子们还可以用纸箱作为舞台，让手指玩偶在这个舞台上表演和说话。

给成人的建议

手指玩偶能帮助孩子从现实穿越到想象的世界中，他们会为此而着迷。他们喜欢看着手指玩偶在眼前活灵活现地表演。他们很快就会意识到：手指玩偶不是真正的人，在它们身上可以发生任何事。家长也可以参与到故事的创作中来，或者观看表演。

活动 38
请开始你的表演

赶快乔装打扮一番，戴上帽子或眼镜，你已经准备好要上台表演了！现在来通过表演预习或者复习功课吧！

用　时：10 分钟。
工　具：各种配饰和道具：包，眼镜，彩带，围巾，棍子，魔法棒，帽子，化妆品……
参与者：孩子和观众。

这项活动有什么用

这项活动有助于发展孩子的语言和身体的表达能力，能让孩子的自我表达更流畅、更清晰。在使用身体来表达的时候，这也有助于发展孩子的非语言表达能力。孩子会理解动作和手势是另一种表达的方式。戏剧表演还能增强孩子的自信心。有些人可能会对此忐忑不安。怯场是游戏的一部分，"人来疯"也是游戏的一部分。登台前平静地呼吸，做一些放松练习，可以让孩子克服恐惧，甚至产生某种自豪感。

5 轮到你了!

① 告诉周围的人：一场大戏即将揭幕。请观众们坐在你面前。

② 朗读课文。

③ 穿上你的舞台服装，佩戴好道具。现在想象自己是一个大明星，即将上演一出课本剧。

你也可以表演一个名人。要敢于展现你的情绪：你的喜悦，你的激情，当然你也可以表现出担心或者焦虑。

给成人的建议

即兴喜剧、角色扮演、哑剧……所有的课文和诗歌都可以通过戏剧的方式来学习或者背诵。不要忘记向孩子介绍那些非语言的表现手法：眼神、撇嘴、沉默、手势……还可以加入一些小小的发声练习，这能帮助孩子在课堂发言中说得更好，也更容易被听清。

活动 39
现在我是老师了！

如果我们调换一下角色，你来当老师怎么样？现在你要向父母提问了！

用　　时：10 分钟。
工　　具：黑板或白板，一只蓝笔，一只红笔。
参与者：两个人。

这项活动有什么用

角色互换是一种通过提问来学习的有趣方式。实际上，孩子在教父母的时候也在学习。当孩子把自己设定为传道授业解惑的角色时，孩子也让自己从对失败的恐惧中解脱了出来。

5 轮到你了！

❶ 告诉你的父母，你现在是老师了，父母要扮演你的角色来学习。你要准备一些问题向他们提问。

❷ 用一块黑板或白板来上课和提问。你还可以出一份考卷，并用红笔批改。

拓展用法

孩子可以制作备忘手卡：在正面写问题，在反面写答案。

给成人的建议

角色互换游戏有助于缓和学习时的严肃气氛。现在轮到家长回答问题了，孩子就会看到：大人也会犯错，大人也有不知道的事。

活动 40

手 账

手账，或者豆本（迷你小书），是一种记录课堂重点、色彩丰富、充满创意的媒介，你可以对它进行个性化的装饰和处理。

用 时：20 分钟。
工 具：彩笔，签字笔，尺子，剪刀，胶水，胶带，两脚钉，彩带，白纸，彩纸，卡片，硬卡纸或素描纸，信封。
参与者：孩子和一个家长。

这项活动有什么用

手账是一种装饰精美的小册子，可以通过手绘、文字、拼贴或者图表的形式来呈现课堂上的知识点（语文、数学、历史……）。制作手账的目的是总结课程内容，写下重要的概念，并且可以加上：

– 可以翻折的页面。

– 可以旋转的圆盘。

– 可以拉出来的标签。

- 可以合上和打开的折页。
- 可以贴上和撕下的便利贴。
- 可以放进小附件的信封或小口袋，比如知识汇总卡片，拼写单词用的字母卡片，或者需要记住的重点字词卡片。

轮到你了！

1. 先看书，在草稿纸上记下知识点。

2. 将两张彩色的硬卡纸粘在一起。

3. 剪出各种形状的小纸片。

4. 在小纸片上写出知识点，然后把这些小纸片粘到大的彩色卡纸上。

5. 把写了知识点的小纸片盖起来，或者把他们装进信封里，再把信封粘在彩色硬卡纸上。

让想象力和创造力为你指引方向。被装点过的知识点会变得更容易记住。

拓展用法

你还可以用笔记本里的内容做手账。

活动 41

思维导图

这是一种能帮你整理思路并有助于记忆的工具,想了解一下吗?

用　时:15 分钟。
工　具:彩笔,一张纸,一把尺子。
参与者:孩子和一个家长。

这项活动有什么用

思维导图(Mind Map)是对信息的视觉化呈现方式。学校里教的知识大多不是以线性的方式出现,而是以中心节点和四周分支的形式出现的。思维导图能够将不同的知识联系起来,同时突出一个主题的若干重要组成部分,从而让你对需要掌握的内容有一个系统性的认识。

5 轮到你了！

① 在草稿纸上列出课上学的所有知识点。

② 首先，在思维导图中央写出课程的主题。

③ 然后把不同的知识点画成若干分支：每个分支使用不同的颜色。在左上角写出第一个知识点，将后面的知识点按照顺时针顺序罗列。

④ 最后，画出图案或者用贴纸来美化你的思维导图。

你知道吗？

东尼·博赞是思维导图的发明者。他认为大脑的工作原理是树状结构的：一个想法先在大脑中心产生，然后向各个方向伸展开来。

给成人的建议

孩子第一次绘制思维导图的时候，家长要陪在身边，以确保他们理解画图的方法。对于有些孩子来说，找到或者回想起一堂课的重点内容，这可能有点难度。你可以通过提出下列问题来帮助他回忆："谁？""什么时候？""怎么了？""在哪里？""为什么？"

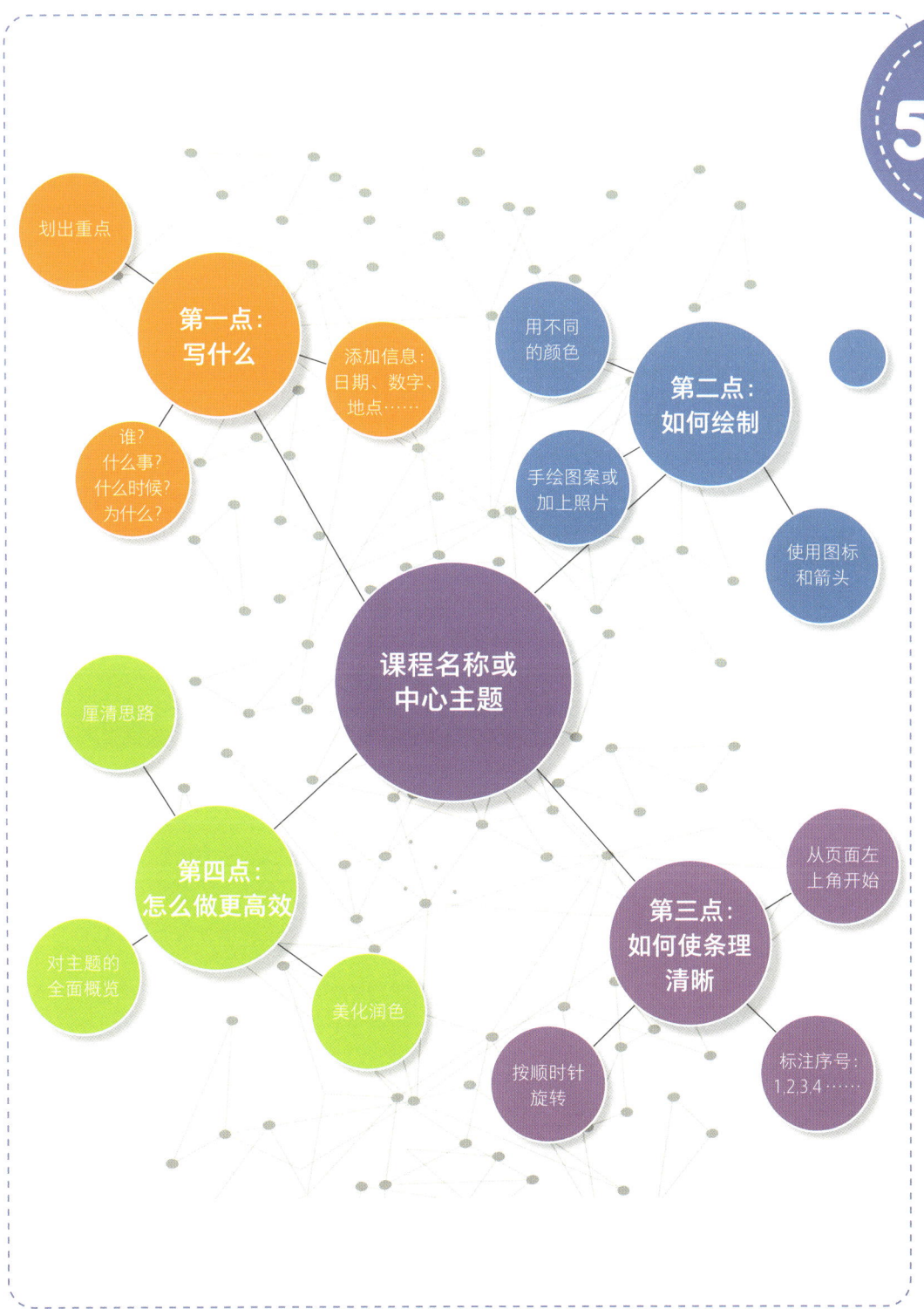

活动 42
快乐阅读二重奏

你不爱阅读？你觉得阅读太难了？这里有一个有趣的小游戏，能让你兴致勃勃地翻开书，探索其中的精彩故事。

用　时：10~15 分钟。
工　具：一本书，一个书架。
参与者：孩子和一个家长。

这项活动有什么用

二重奏阅读法是一种非常好的方式，尤其是当孩子在解读文本、理解内容或者在阅读过程中遇到困难的时候。

轮到你了！

1. 找出一本你想要探索的书。
2. 你的搭档开始朗读书里的内容，他要读得很慢，这样你就能用手指跟上他读书的节奏。

3. 当他停下来的时候,你只需要读出下一个字。

随着游戏的进行,朗读的速度要逐渐加快:你需要始终专注才能跟上进度。

拓展用法

如果想要提高阅读速度,请家长为你设置一分钟的闹钟,然后数一数在这段时间里你读了多少字。

给成人的建议

孩子在阅读上存在困难,通常是由两种原因导致的:对文字识别困难,或者是对内容理解困难。家长要找出孩子具体是存在哪种问题:

他不理解阅读的意义。
他不认识或者不会读这个字。
他无法辨认、理解或者记住一个字。
他在阅读的时候存在视觉追踪或者空间定位的困难。
他读不懂。
他难以提取线索、将其联系起来或者按顺序排序。
他读得太慢。
他还没完成阅读任务就累了。

如果你的孩子没有任何阅读上的困难,只是单纯的不爱阅读,你得知道,孩子是通过模仿学习的。如果他看到家长享受阅读,无论你在读什么样的书,连环画、动漫、长篇小说、短篇小说、诗歌、戏剧……都极有可能激发孩子对读书的好奇心。

活动 43
一边活动一边学习

学习新知识的过程，就像是在原始森林里开辟一条新路。为了让知识在大脑中建立起新的联系，一定要动起来，这样才能让大脑更专注在学习上。

用　　时：学习的时间。
工　　具：一杯水。
参 与 者：独立完成。

这项活动有什么用

学习时，你需要集中注意力。神经科学研究表明，我们在活动的时候会更专注。比如，你有没有过在打电话的同时踱来踱去或者随手涂画的经历？这正是小脑在发挥作用。小脑是大脑中的一个重要组成部分，它对于保持注意力、做出规划和协调我们的动作至关重要。因此，运动能够刺激小脑，使其专注于某个任务，并促进新神经元的生成，这对于学习非常有益。

轮到你了！

1. 大脑的高速运转需要水，让我们先从喝一大杯水开始。然后站起来，沿着地板上的线走，在脑海中想象出来的格子里跳，把球扔给别人或者抛向墙壁，或者双臂模仿钟摆做大幅度的摆动，一边做这些动作一边学习。

2. 一边拍手，一边有节奏地背诵课文。你还可以在用食指在空气中横着画出大大的 8（无穷大的符号）：先往左上方画，然后往下，再往右上方画，就像投掷套索的动作一样，这样就能画出无穷大的符号了。

拓展用法

你还可以在房间里走动，将一个地点与课本里的一段话联系起来。这样做的目的是把一个知识点锚定在一个你熟悉的地方。这种技巧叫作"记忆宫殿"。

给成人的建议

人们的普遍认知是：孩子们端坐在书桌前学习才是最好的，而事实恰恰相反。应该鼓励孩子一边在户外散步或者在家里做各种动作，一边学习。

拍拍手

增强学习信心

你的孩子总是灰心丧气,认为自己不行,认为自己永远也不会成功……他把手一摊,他放弃了。他是否已经对自己失去了信心?对自己的学习能力失去了信心?对成功失去了信心?

自尊的定义是对自我价值的认知,也就是对自己的能力、优势、不足或者局限性的认知。自尊的强弱会因孩子的成功和失败而变化。

通过使用"相信自己"这一章里介绍的方法,家长可以帮助孩子找到解决困难的钥匙,编织他们的梦想,重燃他们对自己能力的信心,并激发他们的潜能。

活动 44

魔法钥匙

你是否有时会感觉心灰意冷，或者无精打采？你是否总感觉自己就是做不好作业，也不是上学的料？你知道吗，每一个难题，其实都是有解决办法的。

用　时：10 分钟。
工　具：活动素材手册中的魔法钥匙，一把剪刀，一支笔。
参与者：独立完成，如果需要的话家长可以协助。

这项活动有什么用

我们有时会灰心丧气，然后把手一摊，觉得自己是个废物，什么也干不成。其实，解决问题可以分成几步：

- 通过回答"谁、什么事、什么时候、在哪里、为什么、怎么了"这样的问题来明确症结所在。
- 尝试找出问题的根源，而不是责备别人或者自责。
- 寻找不同的解决方案，然后排出先后顺序，逐一尝试。
- 确定执行步骤，尤其是第一步要付诸实施的动作。

轮到你了!

当我们遇到困难的时候,就好像是站在一扇紧锁的大门前。你可以把找到解决问题的办法想象成打开大门的钥匙,只有找对了钥匙,才能继续前行。

1. 闭上眼睛,思考一下……你的烦恼是什么?你为什么会有这个烦恼?你有什么感觉?

2. 然后睁开双眼,把你的烦恼写在活动素材手册中一把钥匙的旁边。

3. 剪下这把钥匙,独立思考或者在家长的帮助下思考不同的解决方案。你可以想各种办法,然后挑出你觉得最容易做到的一个办法,把它写在钥匙上。一定要写出你打算为解决这个问题都具体做些什么。

给成人的建议

你可以帮助孩子思考,帮他想出解决问题的不同办法。孩子也可以用这种解决问题的工具来处理他在生活中遇到的困难。

活动 45

阿拉丁神灯

如果你拥有阿拉丁的神灯,你会向灯神要什么呢?在做作业的时候,你最大的愿望是什么?

用　时:15 分钟。
工　具:活动素材手册中的神灯许愿卡,一支笔。
参与者:独立完成。

这项活动有什么用

花时间思考你想要实现的梦想,可以让你朝着具体的目标迈进。这是实现任何目标的第一步。满怀希望的心态至关重要,因为它能让你相信自己。将愿望写下来,可以让你始终保持动力,并时刻准备着为实现它们而不断成长。

轮到你了！

你听过阿拉丁神灯的故事吗？

从前有个男孩叫阿拉丁，有一个坏巫师骗他去山洞里寻找神灯。阿拉丁找到了神灯并发现了其中的秘密：只要擦拭神灯，就能召唤出一个巨人，他说："我是灯神，我能满足你的任何愿望。"阿拉丁的愿望是回家，灯神马上就帮他实现了。

如果你有一个神灯，你想得到什么呢？是数学考第一，还是在课堂上轻松自如地发言？

给成人的建议

这个游戏也适用于其他你想改变的情形：孩子在学校没朋友，被同学嘲笑，孩子没有主见……

活动 46
真心话大冒险

这个世界上有一些神奇的咒语：只要念出来就能获得力量，或者让你付诸行动。这个"真心话大冒险"的游戏可以帮你获得自信。

用　时：15分钟。
工　具：活动素材手册中的大冒险卡和真心话卡，一把剪刀，一个罐子。
参与者：独立完成或由家长协助。

这项活动有什么用

父母几乎平均每批评孩子10次才会表扬他们1次："你怎么还不写作业！""你做题可太慢了！"父母需要改变自己看待事物的角度，关注到孩子朝正确方向迈出的每一小步，这样才能激励孩子，孩子也才更愿意继续努力下去。积极话语能帮孩子增强自信，焕发活力。

轮到你了！

1 把活动素材手册中的卡片剪下来，打乱顺序，并装进罐子里。当你感到难过或者沮丧的时候，打开罐子，抽一张"真心话卡"或者"大冒险卡"。"真心话卡"是橙色边框的卡片，"大冒险卡"是蓝色边框的卡片。

2 随机抽一张卡，然后读一读。它将帮助你渡过难关，或者给予你继续前进的勇气。

给成人的建议

　　为了达到效果，你要关注到孩子所有的努力和进步，请务必实事求是，言辞具体且真实，不要泛泛而谈或者言过其实。比如，你可以说："你自己就把所有生字词都复习了。""你完成了科学课的笔头作业，图画得很准确。"一旦家长改变了视角，能去主动发掘孩子身上的闪光点，孩子也就不再自暴自弃了，而是会继续努力。

活动 47
我的成就展示

是时候做总结了:你可以写出所有你已经成功实现的目标,并贴到"荣誉证书"上。

用　时:15 分钟。
工　具:下文中的"我的挑战成就表"和活动素材手册中的"荣誉证书",彩笔。
参与者:独立完成。

这项活动有什么用

荣誉证书将展示出孩子所有的进步、努力和成就。这是一个具体而实用的工具,它能鼓励孩子尽全力完成作业,也能令家长倍感欣慰。

轮到你了!

接受这些挑战,在下一页的"我的挑战成就表"中,每天用彩笔涂上颜色,表示你成功做到了。

挑战 1:按时开始做作业,并在规定时间内完成。
挑战 2:绝不抱怨,态度积极,保持微笑。
挑战 3:使用不同的方法在玩中学。
挑战 4:独立完成作业,不需要家长协助。

一个小亮点

在完成所有挑战之后,把你的名字写在"荣誉证书"上。请家长签名并写下日期。然后你就可以把证书剪下来并张贴起来。

给成人的建议

告诉孩子他们没做好是毫无价值的,甚至是会起反作用的。最好的办法就是提醒他们使用本书里介绍的各种创意方法。

我的挑战成就表

	挑战1: 按时完成	挑战2: 心情愉悦	挑战3: 在玩中学	挑战4: 独立完成
星期一				
星期二				
星期三				
星期四				
星期五				
星期六				
星期日				

活动 14
超级计时器

5 分钟

10 分钟

15 分钟

20 分钟

25 分钟

30 分钟

35 分钟

40 分钟

45 分钟

50 分钟

55 分钟

1 小时

活动 15
我的每日课后作息安排

吃零食

做运动

做作业

玩耍

吃晚饭

洗脸，刷牙

亲亲，抱抱，睡觉觉

活动 16
一张桌子，一支笔

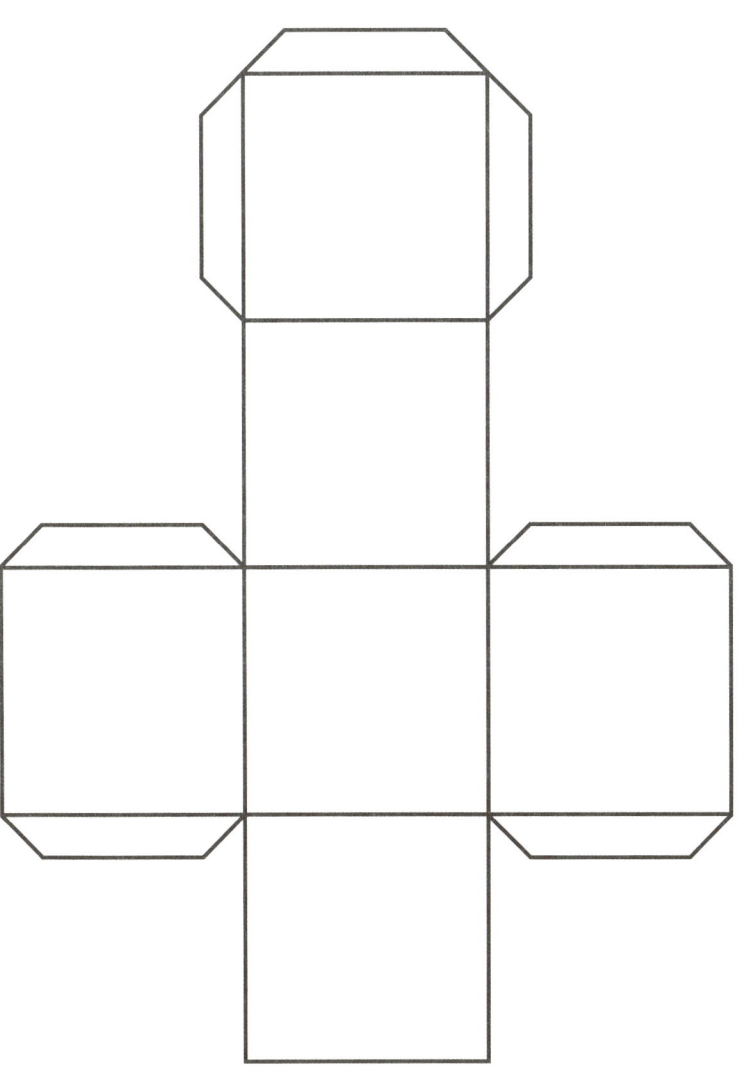

活动 25

真的懂啦！

沿虚线剪下

站起来。	歪歪头。	举起一只胳膊。	从书包里拿出一个本子。	看向窗外。
拍拍手。	用力吹气。	双臂在胸前交叉。	从铅笔盒里拿出一支铅笔。	原地跳10下。
站起来，摸鼻子，伸懒腰。	拿出一本书，打开它，念出任意一句话。	举起双臂，摇晃几下，然后伸个懒腰。	坐在地上，摸一下双膝，再摸一下双脚。	把双手捂在耳朵上，先放下右手，然后再放下左手。
走到窗边，说说你都看到了什么，再回来坐下。	跺三下脚，然后拍两下手。	拿出一只蓝色的笔，拔下笔帽，写一个字。	从铅笔盒里拿出一支铅笔、一只蓝色的彩笔和一块橡皮。	打开一本书，翻到第6页，读出第一行，然后合上书。
数数"章鱼"（octopus）这个词有几个字母。	找出房间里所有长方形的物体。	拼写"鳄鱼"（crocodile）这个单词。	把你面前的物品按颜色分类。	比一比全家人的身高，然后从低到高排列。
找出漏掉的字母：A,B,C,D,E,F,G……I,J。	从20倒数到0。	写出一个字，然后把它框起来。	写出一句话，然后在它下面画线。	抄写这句话："我一定能成功。"

活动 31

我的知识点拼图

活动 33

折纸游戏"东南西北"

活动 37

手指玩偶

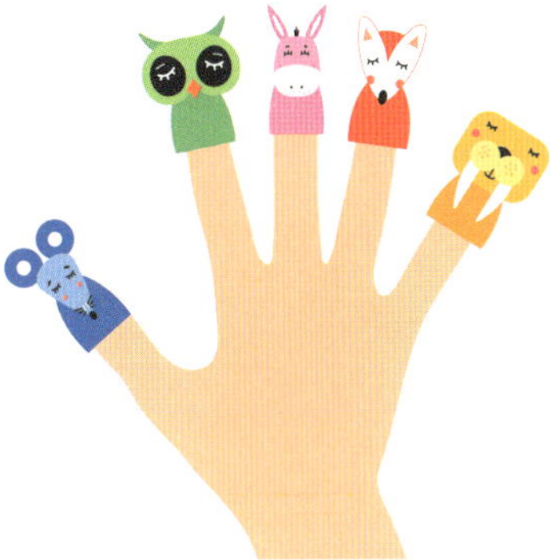

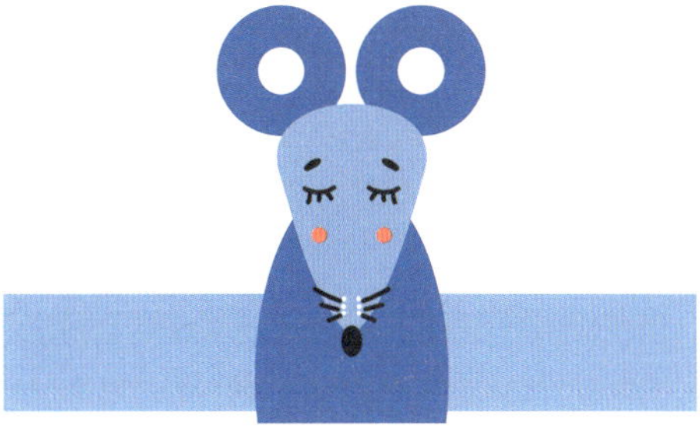

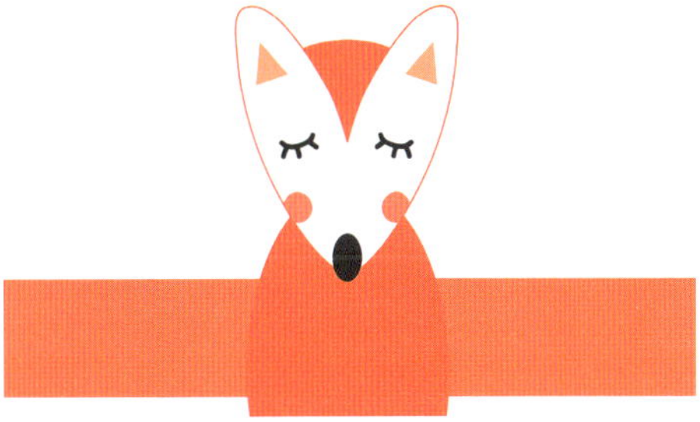

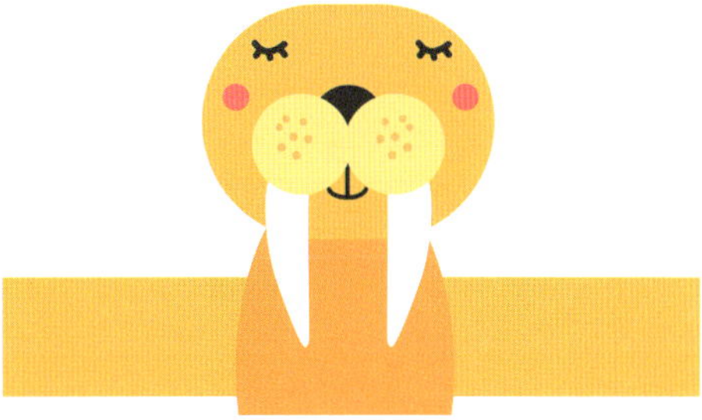

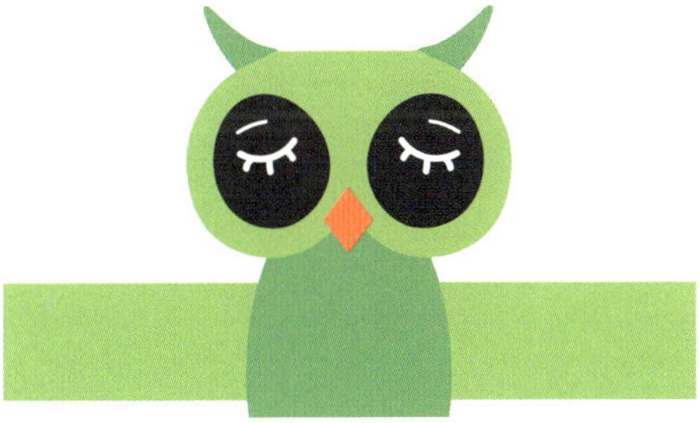

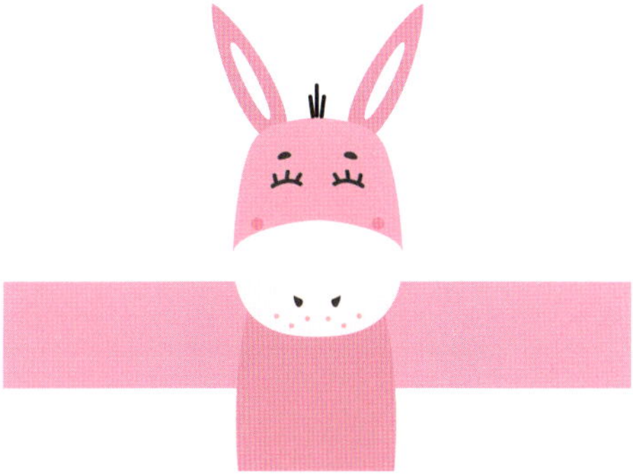

在家长的帮助下，用剪刀剪下手指玩偶，将长条部分绕在手指上，用胶水固定。

活动 44

魔法钥匙

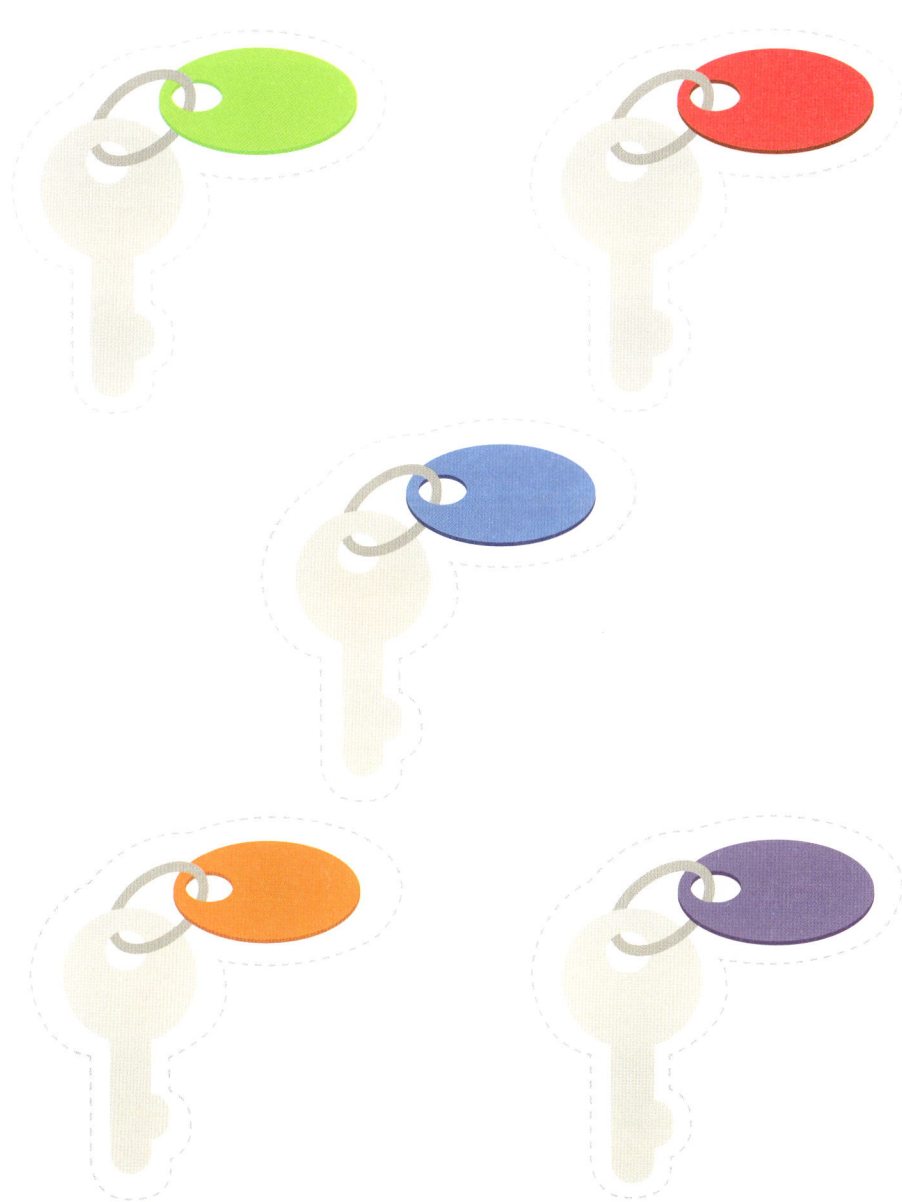

活动 45

阿拉丁神灯

活动 46
真心话大冒险

做作业的时候我对自己有信心。	即使困难重重，即使面对巨大的挑战，我都会想尽一切办法努力去做好它。	我可以自己学习。	我能做好的事比我以为的要多得多。
我天赋异禀，举世无双。	我有权跟别人的想法不一样。	我可以全身心投入到正在做的事情当中。	学习的时候，我有权犯错。
即使上课没听懂，我也并非一无是处，因为我还在学习。	我选择相信自己，相信自己的潜力。	我有能力和才华来实现我的目标。	我能做的事比我想象的更多。
我在每一次的经历中学习。	我有能力做出改变并取得进步。	我有梦想，我可以在未来实现它。	我知道大家都关心我、爱我。
我的人生我做主，所言所行所思所想，都在我人生的道路上留下了印记。	我喜欢每天都学到新东西。	慢慢地做深呼吸，我就会平静下来。	我勇于尝试，从不轻言放弃。

活动 46
真心话大冒险

20 秒喝完一杯水。	列举那些你已经学会做的事。	祝福你今天遇到的每个人度过美好的一天。	给家人讲一件开心或者有趣的往事。
伸直双腿，用手触脚。	立即念出："四是四，十是十，十四是十四，四十是四十。"	请家长讲一个你小时候的高光时刻。	想一个你爱的人。
闭上眼睛，画一幅自画像。	你最引以为傲的事是什么？	组织一场画鬼脸比赛，让大家开心一下。	把课文改写成一个搞怪故事再讲给大家。
保持 3 分钟一动不动。	用左手拿笔写一下一句话（如果你是左利手，就用右手写）。	先跳 25 下，然后用单脚站立的姿势写作业。	画出你梦想中的房子或者花园的样子。
训练你的大脑：记住一个新词，在一天之内用它 3 次。	一边背课文一边跳机械舞。	挺胸抬头，摆出一副大英雄的架势，感受力量和勇气。	让周围每个人说一个你独一无二的特点。

活动 47
我的成就展示